AF156622

BEI GRIN MACHT SICH IHR
WISSEN BEZAHLT

- Wir veröffentlichen Ihre Hausarbeit,
  Bachelor- und Masterarbeit

- Ihr eigenes eBook und Buch -
  weltweit in allen wichtigen Shops

- Verdienen Sie an jedem Verkauf

Jetzt bei www.GRIN.com hochladen
und kostenlos publizieren

Kommerzialisierung des Sports und die Folgen für die Umwelt. Nachhaltigkeit im Kontext der Vergabe von Sportgroßveranstaltungen

Julian Kornelli

Bibliografische Information der Deutschen Nationalbibliothek:

Die Deutsche Nationalbibliothek verzeichnet diese Publikation in der Deutschen Nationalbibliografie; detaillierte bibliografische Daten sind im Internet über http://dnb.d-nb.de abrufbar.

ISBN: 9783346272539
Dieses Buch ist auch als E-Book erhältlich.

Einsendeaufgabe

Ausgewählte Probleme des Sportmanagements

Alternative C

Modul: Ausgewählte Probleme des Sportmanagements

Studiengang: Betriebswirtschaft und Management

Von: Julian Kornelli

Datum: 29.09.2020

Inhaltsverzeichnis

Abkürzungsverzeichnis

BMUB	Bundesministerium für Umwelt, Naturschutz, Bau und Reaktorsicherheit
BIP	Bruttoinlandsprodukt
bspw.	beispielsweise
bzw.	beziehungsweise
CO_2	Kohlenstoffdioxid
d.h.	das heißt
DOSB	Deutscher Olympischer Sportbund
etc.	et cetera
FIFA	Fédération Internationale de Football Association
kWh	Kilowattstunde
Mio.	Millionen
u. a.	unter anderem
WM	Weltmeisterschaft
z.B.	zum Beispiel

Abbildungsverzeichnis

Aufgabe 1: Kommerzialisierung des Sports und die Folgen für die Umwelt

Was ist Kommerzialisierung?

Kommerzialisierung meint einen Prozess, „in dem ein Bereich menschlichen Lebens, der primär keine ökonomische Ausrichtung beinhaltet, als Bereich für wirtschaftliche Interessen entdeckt und in diesem Sinne ausgenutzt wird."[1]

Bei der Kommerzialisierung des Sports werden bei sportlichen Ereignissen oder Sportveranstaltungen wirtschaftliche, ökonomische, professionelle oder kommerzielle Interessen mit einbezogen. In diesem Zusammenhang drängt sich auch das Thema der Umwelt auf, welches sich in den letzten Jahren zu einem Problemfeld entwickelt hat. Im Folgenden werden Beispiele angeführt, die den Einfluss des kommerziellen Sports auf die Umwelt veranschaulichen sollen.

Die weltweit stattfindenden Sportgroßveranstaltungen schlagen sich in der Ökobilanz äußerst negativ nieder. Großangelegte Sportfeste (z.B. Turnfeste), Profiwettkämpfe (z.B. Marathonläufe, Radrennen) sowie nationale und internationale Meisterschaften wie die Fußball-WM mit Fernsehübertragungen rund um den Globus, zählen zu diesen „Mega-Events".[2] Allein im Jahr 2019 haben mehr als 278,7 Millionen Menschen zu Sportveranstaltungen gefunden.[3]

Athleten und Athletinnen, Betreuerstäbe, Manager, Journalisten, Offizielle und natürlich die Fans reisen zu den besagten Veranstaltungen. Dies führt in Bezug auf den Umweltfaktor zu negativen Auswirkungen wie beispielsweise einem massiven Energie- und Wasserverbrauch für Beleuchtung und Klimatisierung der Stadien, zu erhöhten Verkehrsbelastungen, zu einem übermäßigen Abfallaufkommen, sowie einer Zunahme von Cateringaktivitäten und den damit verbunden Müllansammlungen.

Um nur ein Beispiel zu nennen, lag 2005 der Strom- und Wärmebedarf in Deutschland bei allen Sportgroßveranstaltungen bei rund 24 Millionen kWh. Des

[1] Vgl. Brandmaier/Schimany (1998), S. 19
[2] Vgl. Neuerburg/Wilken (2010), S.5
[3] Vgl. Statista (2020)

Weiteren wurden 300.000 Tonnen Treibhausgase wie CO_2 verursacht, wobei Übernachtungen der Besucher und Catering in diesen Zahlen noch nicht einmal berücksichtigt wurden.

Ein großes Problem in Hinblick auf die Umweltverschmutzung sind Anreise und Abreise der Besucher. Einer der hervorstechenden Faktoren, der sich schädlich auf die Umwelt auswirkt, ist der Flugverkehr. Hier sind in erster Linie die Abgasmengen der Flugzeuge zu nennen, aber auch der immense Verbrauch an Energie und Wasser auf den Flughäfen und die enormen Müllmengen. Hinzu kommt der Zubringerverkehr, der mit Einsatz von Autos, Taxen, Bussen und Zügen extrem erhöht ist und dazu beiträgt, dass die Umweltbelastungen überdurchschnittlich zunehmen. Für eine Fußball-WM müssen beispielsweise umfassende Mobilitätskonzepte erstellt werden. Das Spektrum beinhaltet den Bau komplett neuer Straßen und die Ausweitungen von Park & Ride-Plätzen, dem Landflächen zum Opfer fallen. Hinzu kommt der erhöhte Einsatz öffentlicher Verkehrsmittel sowie von Shuttlebussen und Sonderzügen.[4]

Sportgroßveranstaltungen haben auch Einfluss auf die koexistierenden Lebensräume in ihrer Umgebung. Für den Aufbau von derartigen „Mega-Events" und den Bau von neuen Stadien und Sportstätten werden große Flächen an Land benötigt, die gerodet werden. Die dort vorherrschende Pflanzen- und Tierwelt wird gestört und im schlimmsten Fall sogar zerstört. Nicht selten werden dort lebende Tierpopulationen durch die hohe Geräuschkulisse während des Baus oder während der Sportveranstaltung selbst gestört, vertrieben oder vernichtet. Als Beispiel für diesen Raubbau an der Natur zum Zwecke des Sports kann der Bau des WM- Stadions Amazônia in Manaus, Brasilien, angeführt werden. Dieses wurde für nur vier Spiele während der Weltmeisterschaft 2014 genutzt. Das Stadion war in den Dschungel gebaut worden, worunter die Lebensräume für Flora und Fauna extrem leiden mussten.[5]

In diesem Problemfeld sei auch der generelle Bau von Sportstätten und Sportstadien zu nennen. Sportarten wie Fußball, Eishockey, Handball oder Basketball benötigen Sporthallen und Stadien, um überhaupt ihre Tätigkeit ausüben zu können. Dem fällt der natürliche Lebensraum zum Opfer, da Pflanzen

---

[4] Vgl. Neuerburg/Wilken (2010), S. 6
[5] Vgl. Solveig (2013)

vernichtet werden, Lebensbereiche von Tieren verkleinert werden und wertvolles Land verschwendet wird. Zudem werden in der Bauphase chemische Materialien und Substanzen verwendet, die nicht selten ins Erdreich vordringen und das Grundwasser verschmutzen.[6] Nach der Errichtung der Sportstätte bzw. des Stadions schlagen sich der extrem hohe Wasser- und Energieverbrauch für das Betreiben der Anlagen (z.B. Beregnung der Rasenflächen, Nutzung sanitärer Anlagen) in der Ökobilanz nieder. Es sei auch auf die anwachsenden Müllberge verwiesen, die u.a. von den Zuschauern und den angeschlossenen Gastronomiebetrieben produziert werden. Alleine in der Allianz-Arena in München beläuft sich die Restmüllmenge jährlich auf 200 bis 220 Tonnen, um nur ein Beispiel aufzuzeigen. In diesem Fall erfolgt die Entsorgung durch eine Müllverbrennungsanlage im Olchinger Stadtteil Geiselbullach. Auf der einen Seite ist dies positiv, weil der Müll keinen Platz braucht, auf der anderen Seite gelangen durch die Verbrennungsanlage äußerst schlechte Abgase in die Luft, was die Umwelt stark belastet.[7] Die schlechten Luftwerte schnellen auch noch durch die massive Nutzung der Autos durch die Besucher in die Höhe. Dies hat weitreichende Folgen für die generelle Luftverschmutzung.

Ein weiterer Einflussbereich auf **Natur, Landschaft und urbanen Raum ist im Ausüben von Natursportarten zu finden.**

In Deutschland treiben mehr als 15 Mio. Menschen wöchentlich Sport im Freien. Die Natur und eine vielfältige Landschaft verstärken die Lust nach Sport und Bewegung und die daraus folgende positive Wirkung. Deshalb tangieren oft „[…] Trails, Wanderwege, Pisten und Loipen sensible Lebensräume mit hoher biologischer Vielfalt. Natur und Landschaft sind nicht beliebig belastbar und regenerierbar." Des Weiteren wird das Bedürfnis nach Sport als Fluchtreaktion immer größer, da das Muster von Wohnen und Arbeiten in einer immer weniger werdenden Grünfläche in den Großstädten wächst und mit einer hohen Umweltbelastung zu begründen ist. Urbanisierung und Digitalisierung spielen auch eine große Rolle, dass die Notwendigkeit für Gesundheitsvorsorge durch Sport gesteigert werden muss.

---

[6] Vgl. Bundesministerium für Umwelt, Naturschutz, Bau und Reaktorsicherheit (2017), S.4
[7] Vgl. Eldersch – Umwelt-Projekt (2020)

Waldgebiete, Wasserflächen, Küsten und Gebirge bieten Besuchern und sportbegeisterten Menschen einzigartige Sport- und Bewegungsräume, die für das Klettern, Radfahren, Skifahren oder den Wassersport von Nöten sind. Diese Sportarten können die Qualität von Erholungsräumen verschlechtern. Beim Radfahren im Wald werden beispielsweise die Waldböden sowie die Pflanzen geschädigt und diese erholen sich nur langsam oder gar nicht, da immer wieder die gleichen Trails und Strecken genutzt werden. Gerne fahren die Radsportler auch auf abgelegenen Strecken, was für junge Bäume und Pflanzen eine Gefährdung bedeutet und nicht selten wird die nächste Waldgeneration bedroht. Ein weiteres Beispiel ist der seit Jahrzehnten populäre Alpinskisport, der gewaltige negative Auswirkungen auf die Bergwelt hat. Pisten müssen präpariert werden, was zu Erosionen und zu erhöhter Lawinengefahr führen kann. Für die Liftanlagen und das Betreiben der Hütten bedarf es eines überdurchschnittlich hohen Strom- und Energieverbrauchs. Zudem muss jedes Skigebiet „angefahren" werden, wodurch die Abgasmengen in die Höhe schnellen. Bäume in sehr empfindlichen Höhenlagen werden gerodet und Tiere müssen umsiedeln oder ihr Lebensraum verkleinert sich.[8] Die Begeisterung für Natursportarten und den Freizeitsport hinterlässt deutlich seine Spuren in der Natur.

„Green Champions 2.0"

Bei „Green Champions 2.0" handelt es ich um ein Konzept, das die nachhaltige Sportveranstaltung im Rahmen einer umweltgerechten Sporteventplanung ins Zentrum stellt. Ziel ist es, die negativen Auswirkungen von derartigen Veranstaltungen auf die Umwelt zu minimieren und umweltverträglich zu handeln. „Ein umfassendes Nachhaltigkeitsverständnis von Sportveranstaltungen basiert auf einer Gesamtschau aller ökologischen, ökonomischen und sozialen Aspekte. So kann sichergestellt werden, dass Pläne, Organisation und Durchführung vor, während und nach der Veranstaltung ökologisch, sozial und wirtschaftlich tragfähig sind." Sportveranstalter, Sportverbände und politische Entscheidungsträger finden beim BMUB und dem

---

[8] Vgl. Bundesministerium für Umwelt, Naturschutz, Bau und Reaktorsicherheit (2017), S.6-7

Deutschen Olympischen Sportbund Unterstützung für nachhaltige Sportveranstaltungen.

Abbildung 1: Green Champions 2.0 Website

(Quelle: Internetportal. Zugriff am 26.07.20, Verfügbar unter https://www.green-champions.de/index.php?id=26&L=0)

Green Champions 2.0 unterstützt Sportorganisationen, Veranstalter und Organisationskomitees bei der Entwicklung und Umsetzung von Nachhaltigkeitskonzepten mit dem Ziel der Klimaneutralität für ihre Sportgroßveranstaltungen. Darüber hinaus wird ins Auge gefasst, dass künftig Bund und Länder Sportgroßveranstaltungen mit vorliegendem Nachhaltigkeitskonzepten noch gezielter fördern und die Kommunen gezielter auf ihre Unterstützungsleistungen für Sportveranstaltungen achten. Eine weitere Empfehlung hinsichtlich umweltverträglicher Sportevents ist, dass die Bundesregierung die Weiterentwicklung nachhaltiger Veranstaltungskonzepte durch geeignete Maßnahmen wie Managementsysteme, Wettbewerbe, Modellvorhaben oder wissenschaftliche Studien sowie durch Erweiterung ihrer Förderansätze vorantreibt. Als Letztes ist es sinnvoll, dass „[…]DOSB und Bundessportfachverbände sich innerhalb ihrer Strukturen aber auch gegenüber dem Internationalen Olympischen Komitee und internationalen Sportverbänden für Nachhaltigkeit als wichtiges Vergabekriterium von Sportveranstaltungen stark machen und auf eine höhere Verbindlichkeit des Nachhaltigkeitsleitbildes hinwirken."[9]

Herausforderungen stehen den Lösungen gegenüber. Denn Bund, Länder, Kommunen und Sportverbände müssen Sportorganisationen, Veranstalter und Organisationskomitees in Deutschland dahingehend unterstützen, Nachhaltigkeitsstrategien für ihre Sportveranstaltungen zu entwickeln und sie nachfolgend in der Realisierung entsprechend zu fördern. Hierbei sind herausfordernd:

- „Information zu bundes- und landesrechtlichen Bestimmungen
- Einhaltung ökologischer, ökonomischer und sozialer Standards
- Impulse für gesellschaftliche und soziale Integration sowie für eine nachhaltige Regional-, Stadt und Sportentwicklung
- Generierung von Vorbildern im nationalen und internationalen Kontext
- Leichter Zugang zu Sport für alle Menschen, insbesondere für Kinder und Jugendliche
- Bildung für nachhaltige Entwicklung über konkrete Informations- und Impulsprojekte bei Sportgroßveranstaltungen."[10]

Aufgabe 2: Ethikkonzepte für den Sport

Ex-Bundespräsident Richard von Weizsäcker hat in seiner Rede 1985 vor der Hauptversammlung folgendes angeführt: „Es ist gut, wenn für uns Deutsche und von uns Deutschen Beiträge nicht nur zur sportlichen Spitzenleistung, sondern auch zur Festigung der innersten Grundsätze des Sports ausgehen." Weizsäcker hält die Entwicklung einer verbindlichen Sportethik für das zentrale Gebot einer humanen und verantwortlichen Sportpolitik.[11]

---

[9] Vgl. Bundesministerium für Umwelt, Naturschutz Bau und Reaktorsicherheit (2017), S. 15
[10] Vgl. Bundesministerium für Umwelt, Naturschutz Bau und Reaktorsicherheit (2017), S. 14
[11] Vgl. Wegner (2001), S. 1

„In der Theorie geht es um nichts Geringeres als um das Selbstverständnis einer zeitgemäßen Sportethik, um die Kernprobleme des praxisbezogenen Gegenstandes der Sportethik besser verstehen und schließlich bearbeiten zu können. Denn es besteht nicht der geringste Zweifel daran, dass der Hochleistungssport es ist, der heutzutage so sehr ins moralische Zwielicht geraten ist, dass mancherorts schon ernsthaft darüber nachgedacht wird, ob er, wie seit einiger Zeit betrieben, noch eine Zukunft habe."

Eigentlich sollten der Fairnessgedanke und der Respekt gegenüber dem Gegner höher als der sportliche Erfolg sein. Aber trotzdem muss die Sportethik mit der Fairnessethik nicht identifiziert werden, da die Ethik des Sports auch noch andere Perspektiven und Themenschwerpunkte besitzt. Denn die Fairnessethik tendiert dazu, den Blick für die sportliche Problemvielfalt zu verengen. [12]

Die Sportethik hat eine Vielzahl von theoretischen Ansätzen, die sich in objektivistische, subjektivistische und konventionalistische Ansätze unterteilen lassen:

Objektivistische Ethikkonzepte des Sports

Objektivistische Ethikkonzepte differenzieren sich in moralische und unmoralische Handlungen durch die Ableitung unumgänglicher ontologischer Gründe. D.h. der Verstoß von moralischen Tatsachen ist als unmoralisch anzusehen.[13]

Hier unterscheidet man nochmal in christliche Ethik und somatische Ethik, welche nun genauer besprochen werden:

Christliche Ethik des Sports

Der Mensch wird in der Bibel als Wesen angesehen, der nach Gottes Bild erschaffen worden ist. Er ist nur dann zu verstehen, wenn man ihn direkt in Bezug auf seine Ängste und Wünsche auf Gott bezieht. Annahme und Vorstellung stellt Gott dar, welcher aber nicht zur Disposition steht und nach christlicher Lehre als

---

[12] Vgl. Meinberg (2001), S. 7-8
[13] Vgl. Franck (1997), S. 7

„absolut" gesehen wird.[14] Der Mensch trägt nach christlicher Auffassung somit die Verwiesenheit auf den transzendentalen Gott in sich, „[…] sodass der christlichen Ethik eine objektivistisch-metaphysische Erkenntniseinstellung zugrunde liegt.

„Für sportethische Fragestellungen folgt daraus beispielsweise, dass die Überhöhung des Sports zu einer Ersatzreligion abzulehnen ist, da dies zur Folge hat, dass die sportliche Leistung in die Nähe eines absoluten Wertes gerückt wird, der die übrigen Werte des menschlichen Lebens unterdrückt oder gar ausblendet."[15] Die Werte und Würde des Menschen wäre nicht mehr von Gott, was nicht mit der christlichen Ethik zu vereinbaren ist. Das bedeutet, dass aus christlich-ethischer Sicht Instrumentalisierung, Funktionalisierung und Steuerung von außen auf das sportliche Handeln abgelehnt werden sowie eine Schädigung der Gesundheit oder Einschränkung der Persönlichkeitsentfaltung.[16]

Als Beispiel muss ein Athlet auf leistungssteigernde Substanzen wie Doping verzichten. Dieser würde zwar den sportlichen Erfolg über die eigene Gesundheit stellen, welche gefährdet wäre, aber das wäre mit dem christlich-ethischen Konzept nicht vereinbar.

Somatische Ethik des Sports

Die somatische Ethik ist ein weiteres objektivistisches Ethikkonzept. Dabei handelt es sich um die natürliche Befindlichkeit des Menschen. Die somatische Ethik wird auch als „körperzentrierte" Ethik angesehen, dessen Hauptbestandteil der ethisch richtige Umgang des Menschen mit seinem Körper ist. Der fungierende Ausgangspunkt der somatischen Sportethik ist die biologische Beschaffenheit des Menschen.[17] Die Nähe zur Natur charakterisiert das Ethikverständnis. Das Grundprinzip ist die Mäßigung bzw. das Maßhalten, was ein gesundes Essverhalten, eine Ausübung von leichter sportlichen Betätigung oder Gymnastik und ein moralisch gutes Sexualverhalten umfasst. Dieses Prinzip gilt auch für übermäßige und ungesunde Nahrung oder Alkoholzufuhr.[18] Das richtige Maß ist für den Körper des Menschen nützlich, somit „[…] muss der

---

[14] Vgl. Koch (1995), S. 8-9
[15] Vgl. Koch (1995), S. 29
[16] Vgl. Franck (1997), S. 8-10
[17] Vgl. Franck (1997), S. 9
[18] Vgl. Meinberg (1991), S. 9

Körper dem Gebot des Maßhaltens unterworfen werden", und man vermeidet das Extreme.

Nach der somatischen Ethik wäre Hochleistungssport oder das mehrmalige Ausüben von körperlich anstrengenden Sportarten abzulehnen, da sie weit über moderate sportliche Betätigung hinausgehen und das als unmoralisch angesehen wird. Die somatische Sportethik verurteilt im Speziellen enorme Anstrengungen bei Kindern oder Teenagern, die noch in der Pubertät sind, da sich diese noch im natürlichen Wachstum befinden und die Sportausübung in diesem Ausmaß eine kontraproduktive Wirkung hätte.

Subjektivistische Ethikkonzepte des Sports

Bei subjektivistischen Ethikkonzepten sind das Empfinden und die Wahrnehmung entscheidende Faktoren für das Fällen moralischer Urteile, „die von allen betrachteten Individuen geteilt werden."[19]

Pädagogische Ethik des Sports

Im antiken Griechenland war die musische und gymnastische Bildung für die Charakterbildung von jungen Menschen von großer Bedeutung.[20] *Platon* war der Meinung, dass Sport einen maßgeblichen Einfluss auf die charakterliche Entwicklung hat. Dieselbe Sichtweise wurde von verschiedenen Vertretern der deutschen Sportbewegung wie Diem, Guts Muth, Spiess oder Vieth geteilt. Allerdings klammerten diese die musische Erziehung aus, was für Platon hingegen ein unverzichtbares Gegenstück der gymnastischen Erziehung darstellte.[21]

Der französische Pädagoge, Sportfunktionär und Begründer der modernen Olympischen Spiele *Pierre de Coubertin* hatte die Hoffnung, dass der Sport eine geistig-moralische Verbesserung und einen positiven Einfluss auf den Charakter der wettkämpfenden Athleten hat. Für Coubertin standen die sportlichen und moralischen Steigerungen in einem wechselseitigen Verhältnis im Vordergrund und ihm war es wichtiger, ein moralisch anständiger Verlierer, als ein schlechter

---

[19] Vgl. Franck (1997), S. 7
[20] Vgl. Meinberg (1991), S. 117
[21] Vgl. Franck (1997), S. 10-11

Gewinner, zu sein. Durch die Professionalisierung des Sports und die Kommerzialisierung verliert dieser Ansatz jedoch immer mehr an Bedeutung. Wichtig ist auch, dass „[...] durch den sportlichen Wettkampf auf höchstem Niveau auch das moralische Selbst des Athleten geformt wird und in eben diesem Bildungsvorgang besteht letztendlich die eigentlich moralische und zugleich pädagogische Wertigkeit des Spitzensports."[22]

Die pädagogische Ethik wird dennoch, auch wenn nicht so stark wie früher, verwendet. Das bedeutet, dass der Athlet neben seiner sportlichen Ausbildung auch auf sportmoralische Punkte hingewiesen und geschult wird. Beispielsweise können hier Sportinternate und -akademien aufgelistet werden, wie die Red Bull Akademie für Fußball und Eishockey in Salzburg. Neben der sportlichen Ausbildung, für die Red Bull die besten Trainer engagiert, wird die Schule nicht vernachlässigt. Die „Nachwuchshoffnungen" werden von einem 12-köpfigen Erzieherteam rund um die Uhr betreut, was gerade in der Pubertät unheimlich wichtig ist. Ziel ist es, durch viele Bildungsangebote die bestmögliche schulische Ausbildung zu erlangen und sich auch persönlich bestmöglich weiterzuentwickeln, um „soziale und moralische" Athleten zu schaffen. Die Erzieher müssen auch darauf achten, dass die Athleten keine kontraproduktiven Substanzen zu sich nehmen, wie Doping, Alkohol oder Zigaretten, die ihrer psychischen oder physischen Bildung schaden.[23]

Konventionalistische Ethikkonzepte des Sports

Bei dem letzten angeführten Ethikkonzept wird „[...]die Differenzierung von moralischen und unmoralischen Handlungen anhand gesellschaftlicher Standards getroffen, die dementsprechend zwischen verschiedenen Gesellschaften und mit der Zeit variieren können."[24]

Koexistentiale Ethik des Sports

Das Nebeneinanderstehen von Elementen innerhalb sowie außerhalb der Sportethik mit einer wechselseitigen Beeinflussung ist das Hauptaugenmerk der

---

[22] Vgl. Meinberg (1991), S. 117
[23] Vgl. Red Bull Salzburg Akademie
[24] Vgl. Franck (1997), S. 7

koexistentialen Ethik. Der Maßstab für moralisches Handeln wird durch gesellschaftlich akzeptierte Regeln bzw. Institutionen vorgegeben. Des Weiteren ist die koexistentiale Sportethik dadurch gekennzeichnet, dass ein Zusammenwirken zwischen ihr und den traditionellen ethisch orientierten Konzepten besteht. Durch die Vielzahl verschiedener sportethischer Konzepte muss die Moralvielfalt berücksichtigt werden und das sportmoralische Verhalten soll analysiert, beschrieben und verstanden werden. Mit diesen Konzepten setzt sie sich ausschließlich auseinander, behält einige Bestandteile, ergänzt oder verabschiedet andere. Hierbei handelt es sich um die Übernahme „brauchbarer" Teile der koexistentialen Sportethik.[25]

Ferner kennzeichnet diese Ethik das Zusammenspiel von Theorie und Praxis. Dieses entsteht, wenn Probleme in der Praxis auftreten und an diese mit Hilfe von theoretischen Ansätzen herangegangen wird, damit das jeweils erreichte moralische Niveau auch in der Zukunft gehalten werden kann.

Die ethische Frage „Was sollen wir tun?" hervorgehoben durch Meinberg muss sich jede Ethik, die aufklärerische und beraterische Funktion besitzt, stellen. Diese Fragestellung hat ihre Heimat in der Philosophie und wird in Verbindung von Sportethik und Philosophie erkennbar.[26] Die koexistentiale Sportethik ist damit ein Teilgebiet der Philosophie, welcher sich die Anthropologie, Metaphysik, Sozialphilosophie und die Geschichtsphilosophie anschließen.[27]

Der Sportethik ist es also nicht möglich, sich von den einzelwissenschaftlichen Forschungserkenntnissen zu lösen. Diese koexistieren vielmehr mit den Ergebnissen bzw. Einsichten der Einzelwissenschaftler. Meinbergs Ethik „des dritten Weges" ist daher eine Gleichwertigkeit normativer und deskriptiver, hermeneutischer und empirischer Verfahren.[28]

Ein Beispiel für die Anwendung dieses Konzepts ist der Profisport, da sich die gesellschaftlichen Werte verändert haben und Sportmodelle ausdifferenziert werden. Sportler haben eine zunehmende Abhängigkeit von systembedingten

---

[25] Vgl. Meinberg (1991), S. 42
[26] Vgl. Meinberg (1991), S. 43
[27] Vgl. Meinberg (1991), S. 424
[28] Vgl. Court (1995), S. 27

Prozessen. Athleten greifen dann bspw. zu Doping, um die erhöhten Anforderungen zu stemmen.

Aufgabe 3: Nachhaltigkeit im Kontext der Vergabe von Sportgroßveranstaltungen

„Nachhaltigkeit ist ein Handlungsprinzip der Ressourcen-Nutzung, bei dem derzeitige Bedürfnisse durch den Ressourcen-Verbrauch befriedigt werden, ohne dabei künftigen Generationen die Lebensgrundlage zu entziehen." In der Ökonomie ist eine Art des Wirtschaftens gemeint, die zur gleichen Zeit an den heutigen Gewinn und die künftige Generation denkt.[29]

Wie in Aufgabe eins bereits erwähnt spielt Nachhaltigkeit eine sehr große Rolle bei der Ausrichtung von Sportgroßveranstaltungen. Abbildung 2 verdeutlicht in diesem Zusammenhang, dass Nachhaltigkeit einen wichtigen Zusammenhang mit den drei Komponenten bzw. Säulen **Ökologie**, **Soziales** und **Ökonomie** aufweist. Die drei Komponenten stehen gleichrangig und gleichberechtigt nebeneinander und Nachhaltigkeit ist das „Dach" dieser Unterpunkte. Ziel ist es, dass diese drei Säulen eine untrennbare Einheit bilden, keine einzeln betrachtet wird und untereinander auf verschiedene Art und Weise miteinander interagieren.[30]

Unter der **Ökonomischen Komponente** versteht man den wirtschaftlichen Aspekt der Nachhaltigkeit. Zielführend will die nachhaltige Entwicklung eine langfristige und zunehmende Sicherung des Wohlstands einer Gesellschaft. Um zwangsläufige Einbußen bei nachkommenden Generationen zu verhindern, ist es empfehlenswert, dass eine Gesellschaft nicht über ihren Verhältnissen lebt. Stabilität und Kontinuität sind das Ergebnis von nachhaltigem Handeln und eine solide Basis von Erträgen hat für die Zukunft höchste Priorität. „Allgemein gilt eine

---

[29] Vgl. Rechnungswesen verstehen - Nachhaltigkeit
[30] Vgl. Ott (2009), S. 25

Wirtschaftsweise dann als nachhaltig, wenn sie dauerhaft betrieben werden kann."

Hingegen beschäftigt sich die **Soziale Komponente** mit der Verteilungsgerechtigkeit. Es handelt sich hierbei um den Zugang zu Chancen und Ressourcen sowohl innerhalb von Gesellschaften als auch zwischen armen und reichen Ländern. Es geht also um die gerechte Wohlstandsverteilung zwischen den heute lebenden und zukünftig lebenden Generationen.

Die letzte Säule der **Ökologie** befasst sich mit allen umweltrelevanten Nachhaltigkeitsaspekten. Das wichtigste ist hierbei, dass es keinen Raubbau an der Natur gibt. Ökologisches Leben basiert darauf, dass natürliche Lebensgrundlagen nur in bestimmtem Maße beansprucht werden und diese sich davon auch wieder regenerieren können. Das bedeutet, dass natürliche Ressourcen wie Boden, Wasser, Luft, Vielfalt etc. auch für die nachfolgenden Generationen zur Verfügung stehen.[31]

Abbildung 2: Nachhaltigkeitsdarstellung mit den drei Komponenten Ökologie, Soziales und Ökonomie

(Quelle: Internetportal, Zugriff am 30.07.20, Verfügbar unter https://ifn.eco/)

---

[31] Vgl. Ingerfurth (2018), S. 18

Abschließend soll das Nachhaltigkeitskonzept auf das Praxisbeispiel der **Fußball-Weltmeisterschaft 2022 in Katar** übertragen werden.

2022 wird eine Fußball-WM erstmalig in der Geschichte in der arabischen Welt ausgetragen. Somit sieht sich Katar einerseits allgemeinen und besonderen Problemen gegenüber, andererseits bietet dieses Großereignis auch einmalige Chancen, die sich auch noch nach dem Turnier positiv auswirken können. 2015 begann die FIFA und der Oberste Rat für Organisation und Nachhaltigkeit mit der Entwicklung und Umsetzung der Nachhaltigkeitsstrategie und -politik, die die Projekte und Betriebsbereiche für das Turnier sowie alle WM-bezogenen Aktivitäten nach dem Turnier umfassen. Diese enthalten fünf Nachhaltigkeitszusagen:

1. Entwicklung von Humankapital und Schutz der Rechte von Arbeitsnehmern
2. Veranstaltung eines integrativen Turniers
3. Förderung der Wirtschaftsentwicklung
4. Umsetzung innovativer ökologischer Konzepte
5. Vorbildfunktion hinsichtlich guter Unternehmensführung und ethischer Geschäftspraktiken[32]

Durch den raschen Wirtschaftsboom in den 2000er Jahren hat Katar eines der höchsten Niveaus des pro Kopf – Einkommens weltweit erreicht. Der Wohlstand, den das Land erfahren hat, kann hauptsächlich auf den florierenden Öl- und Gassektor zurückgeführt werden, welcher einen direkten Einfluss von unter 50% auf das Bruttoinlandsprodukt von Katar hat. Um diesen wirtschaftlichen Wohlstand weiterhin aufrecht zu erhalten und einen hohen Lebensstandard für die gesamte Bevölkerung zu sichern, nicht nur für den momentanen Zeitpunkt, sondern auch für die Zukunft, hat sich Katar wirtschaftlich breit aufgestellt. Sie verfolgen eine Strategie von nationaler Vision und Entwicklung mit dem Ziel hinzu einer Wirtschaft mit dem Fokus auf Wissen. Katar ist auf dem Weg, Strategien zu entwickeln und Arbeitskraftkapazitäten zu erschaffen, speziell in den Sektoren Handwerk, Logistik, Finanzsysteme, Tourismus, Informations- und Kommunikationstechnologien sowie berufsspezifische und wissenschaftliche Bereiche. Als Gastgeberland der FIFA-WM 2022 hat Katar nun die Möglichkeit,

---

[32] Vgl. FIFA (2020)

mit den neuen wirtschaftlichen Konzepten die Struktur und die Performance im Nicht-Energie Sektor zu vertiefen und den Übergang zu einer nachhaltigen Wirtschaft zu beschleunigen. Die WM bietet Wachstumsgelegenheiten speziell für inländische und regionale Bauunternehmen, für Logistikfirmen, für den Event und Tourismusbereich sowie für die Sportindustrie. Gleichzeitig werden strategische Allianzen mit dem Ausland eingegangen und neue Wertschöpfungsketten auf globaler Ebene gebildet. Überdies stellt die WM Katar vor die Herausforderung, Nachhaltigkeitsmaßnahmen im Bereich der Entwicklung von Kühlsystemen für Stadien, Energieeffizienz, Abfallwirtschaft, Gesundheits- und Sicherheitsmanagement, öffentliche Verkehrssysteme, Infrastruktur und Informationstechnologien zu ergreifen.[33]

Ein negativer Aspekt ist, dass Katar und die FIFA alleine wegen der Weltmeisterschaft enorme Geldmengen in Nachhaltigkeit investieren, was nur kurzfristig erfolgsversprechend ist. Die WM ist eine Tourismus- und Besucherattraktion für Menschen aus der ganzen Welt. Ohne diese Sportgroßveranstaltung würde man in Katar niemals Nachhaltigkeitskonzepte verfolgen.

Das BIP wird durch die Konsumausgaben der Besucher angehoben und könnte laut Schätzungen im Jahr 2027, d.h. fünf Jahre nach der WM durch Effekte des Tourismus 9,4 Milliarden US-Dollar erreichen. Dies entspräche der 1,5 fachen Summe von 2015, wo die Vergleichszahl bei 5,2 Milliarden lag. Allerdings spricht der niedrig erwartete Anteil des Tourismussektors am BIP für 2027 mit 2,8% dafür, dass selbst etwaiger exogener Mittelzuflüsse die Effekte des WM-gekoppelten Tourismus im Vergleich zur Gesamtwirtschaft sehr gering und nur kurzfristig ausfallen würde.[34]

Insgesamt werden für eine Weltmeisterschaft zwölf Stadien gebraucht. Dafür werden große Landflächen benötigt, was teilweise zu Verlusten von Lebensräumen für Tiere und Pflanzen führt. Aus diesem Grunde wäre es angebracht, diese Stadien im Sinne eines nachhaltigen Ökologiekonzeptes in Multifunktionsarenen umzubauen, damit auch nach der WM die Stadien für andere Events genutzt werden könnten und nicht „leer" stünden. Hier besteht

---

[33] Vgl. FIFA – Sustainability Strategy (2019)
[34] Vgl. Angenendt (2018)

aber das Risiko, dass es bei diesen Events zu einer mangelnden Auslastung kommt. Da es betriebslose Perioden gibt und die Instandhaltungskosten trotzdem hoch sind, können diese eventuell nicht gestemmt werden. Ein weiterer negativer Aspekt ist, dass die WM-Stadien den lokalen Fußballmannschaften zur Verfügung gestellt werden könnten, aber Fußball in Katar einen sehr geringen Stellenwert hat und sich somit die Frage aufdrängt, ob damit entsprechende Erlöse erzielt werden können.

Ein Vorteil wiederum ist die geringe Größe des Landes, was eine räumliche Nähe der Spielstätten bietet. Dies macht es möglich, dass die Zuschauer relativ schnell und einfach zu den Stadien reisen können, was sich mit einem geringeren Verbrauch von Abgasen und CO_2 positiv auf die Umwelt auswirkt. Die Fans und Touristen müssten als Minimum eine Strecke von viereinhalb Kilometern und maximal 55 Kilometer überwinden.

Die zukünftigen Multifunktionsarenen haben den Nachteil, dass sie nur mit einem sehr hohen Strom- und Energieaufwand betrieben werden können. Ein Stadion hat sogar eine Leuchtturmfunktion, was als Sehenswürdigkeit angepriesen wird. Dies soll den Sinn haben, den Bekanntheitsgrad der Stadt bzw. des Landes zu steigern und einen hohen Vermarktungswert zu erreichen. Dies bedeutet, dass Katar nach der WM mit den Stadien als Sehenswürdigkeiten und Attraktionen im Tourismus werben könnte. Andererseits wird es Mittel und Wege finden müssen, die enorm hohen Strom-, Wasser- und Energiekosten für den Erhalt zu erwirtschaften.[35]

Eine weitere nachhaltige ökonomische zukunftsträchtige Rückwirkung ist der Ausbau der Infrastruktur. Ein neuer internationaler Flughafen soll in der Stadt Hamad für 35 Milliarden USD gebaut werden. Zudem wird ein neuer Hafen in Doha für acht Milliarden, das Eisenbahnnetzwerk für 40 Milliarden sowie die Kanalisation für vier Milliarden mit einem Nachhaltigkeitskonzept erschaffen.[36] Der Ausbau kann dauerhafte Standortvorteile bieten, da „[...] Anreize für die Ansiedlung neuer Investoren geschaffen" werden.[37] In Folge dessen könnte die Region „ [...]entscheidende Zukunftsmärkte" erschließen.[38] Die Investitionen

---

[35] Vgl. Habacker (2008), S. 39
[36] Vgl. Burrow (2014), S. 11
[37] Vgl. Habacker (2008), S. 25-26
[38] Vgl. Habacker (2008), S. 31

führen auch zu einer sozial nachhaltigen Entwicklung. Durch die Modifizierung des Verkehrsnetzes und der Infrastruktur, bereichern solch neue Transportwege das Leben der Zivilbevölkerung und optimieren die Erreichbarkeit von Berufs-, Bildungs-, Versorgungs-, und Freizeitzentren.[39]

Des Weiteren können Sportgroßveranstaltungen zur Imagebildung, zur Imagekorrektur und zum Erlangen von Aufmerksamkeit nützlich sein. Von vielen Seiten wurden Zweifel laut, dass Katar ein geeignetes Gastgeberland für eine Weltmeisterschaft wäre. Auch mit Korruptionsvorwürfen wurde das Land immer wieder konfrontiert. Inhumane Arbeitsbedingungen auf den WM-Baustellen wurden aufgedeckt. Die sind Beispiele negativer Publicity. Auf der anderen Seite kann es Katar schaffen, mit der gesamten Welt in Dialog zu treten und „[...] neben dem eigentlichen Ereignis, dem Wettkampf, eine Zweitbotschaft" zu entsenden. Vor allem die sozialen Attribute wie Weltoffenheit, multikulturelle Vielfalt, internationales sportliches Niveau, großes Organisationsvermögen und eine sehr gute Infrastruktur können erhebliche „Pluspunkte" bringen.[40] Vergleichbar ist die WM 2006 in Deutschland, bei der die Bundesrepublik Deutschland den ersten Platz im Anhold Nation Brands Index erlangte, welcher „[...] die Wahrnehmung von politischem, kulturellem und kommerziellem Investitionspotential, menschlichen Werten und Touristenanziehung wiederspiegelt und der anhand einer Befragung von 26.000 Konsumenten in 95 Ländern ermittelt wird.[41]

---

[39] Vgl. Habacker (2008), S. 24
[40] Vgl. Habacker (2008), S. 27
[41] Vgl. Preuss/Alfs (2010), S. 25

Literaturverzeichnis

Angenendt (2018). Ist eine nachhaltige Entwicklung durch Ausrichtung einer Fußball-WM möglich?, München

Brandmaier, S., Schimany, P. (1998). Die Kommerzialisierung des Sports, Band 5, Hamburg

Bundesministerium für Umwelt, Naturschutz Bau und Reaktorsicherheit (2017). Zugriff am 26.07.20, Verfügbar unter https://www.bmu.de/fileadmin/Daten_BMU/Download_PDF/Tourismus_Sport/sport_2020_positionspapier_bf.pdf

Burrow, S. (2014). Die Akte Katar, Brüssel

Court, J. (1995). Kritik ethischer Modelle des Leistungssports, Köln

Eldersch, T. (2020), Umwelt – Projekt: FC Bayern verbrennt Müll in Geiselbullach. Zugriff am 26.07.20, Verfügbar unter https://www.merkur.de/lokales/fuerstenfeldbruck/olching-ort29215/olching-umwelt-projekt-fc-bayern-verbrennt-muell-in-geiselbullach-13445626.html#:~:text=Geiselbullach%20%E2%80%93%20200%20bis%20220%20Tonnen,in%20der%20Allianz%2DArena%20zusammen.&text=Die%20Menge%20ist%20f%C3%BCr%20die,118%20000%20Tonnen%20M%C3%BCll%20verbrannt.

FIFA – Nachhaltigkeitsstrategie für FIFA Fußball-WM (2020). Zugriff am 31.07.20, Verfügbar unter https://de.fifa.com/what-we-do/sustainability/strategy/

FIFA – Sustainability Strategy (2019). Zugriff am 31.07.20, Verfügbar unter https://img.fifa.com/image/upload/p2axokh26lzaafloutgs.pdf

Franck, E. (1997). Sportethik und Sportökonomie – Beiträge der Ökonomik zur Analyse ethischer Probleme des Sports, Freiberg

Habacker, C. (2008). Die Fußball-WM 2010 als Entwicklungsimpuls

Ingerfurth, S (2018). Nachhaltigkeitsmanagement im Sport – Studienbrief der SRH Fernhochschule, 1. Aufl., Riedlingen

Koch, A. (1995). Der Sport am Scheideweg – Beiträge zur Sportethik, Thaur

Meinberg, E. (1991). Die Moral im Sport: Bausteine einer neuen Sportethik, Aachen

Neuerburg, H.-J., Wilken, T. (2010). DOSB – Nachhaltige Sportgroßveranstaltungen, Heft 30, Bodenheim/Rhein

rechnungswesen verstehen – Nachhaltigkeit, Zugriff am 29.07.20, Verfügbar unter https://www.rechnungswesen-verstehen.de/lexikon/nachhaltigkeit.php

Ott, K. (2009). Leitlinien einer starken Nachhaltigkeit. Zugriff am 30.07.20, Verfügbar unter https://pdfs.semanticscholar.org/bd31/35cf4e479a2e49e8474969a8e5f3e3b2ac ac.pdf

Preuss, H. & Alfs, C. (2010). Sportpolitischer Einfluss ökonomischer Mächte, Göttingen

Red Bull Salzburg Akademie. Zugriff am 28.07.20, Verfügbar unter https://www.redbullsalzburg.at/de/jungbullen/red-bull-akademie.html

Solveig, F. (2013). Welt – Fußball, Zugriff am 23.07.20, Verfügbar unter https://www.welt.de/sport/fussball/wm-2014/article116947831/Brasilien-baut-das-absurdeste-WM-Stadion-der-Welt.html

Statista – Sportveranstaltungen (2020). Zugriff am 22.07.20, Verfügbar unter https://de.statista.com/outlook/272/100/sportveranstaltungen/weltweit#market-globalRevenue

Wegner, L. (2001). Sport und Ethik, München